www.kidkiddos.com

Copyright©2015 by S.A.Publishing ©2017 by KidKiddos Books Ltd.

support@kidkiddos.com

All rights reserved. No part of this book may be reproduced in any form or by any electronic or mechanical means, including information storage and retrieval systems, without written permission from the publisher or author, except in the case of a reviewer, who may quote brief passages embodied in critical articles or in a review.

Tous droits réservés. Aucune reproduction de cet ouvrage, même partielle, quelque soit le procédé, impression, photocopie, microfilm ou autre, n'est autorisée sans la permission écrite de l'éditeur.

Second edition, 2019

Translated from English by Sarah Dugloud
Traduit de l'Anglais par Sarah Dugloud

Library and Archives Canada Cataloguing in Publication
I Love to Share (French Edition)/ Shelley Admont
ISBN: 978-1-5259-1718-9 paperback
ISBN: 978-1-77268-498-8 hardcover
ISBN: 978-1-77268-065-2 eBook

Pour ceux que j'aime le plus-S.A.

– Regardez combien j'ai de nouveaux jouets, dit Jimmy le petit lapin, en regardant tout autour de lui.

Sa fête d'anniversaire était finie et la chambre était pleine de cadeaux.

– Oh, ta fête d'anniversaire était tellement amusante, Jimmy, dit son frère cadet.

– Jouons, dit l'aîné en prenant la plus grande boîte. Il y a un immense train à l'intérieur !

Soudain, Jimmy se leva d'un bond et attrapa la boîte.
– N'y touche pas ! C'est mon train ! cria-t-il. Tous ces cadeaux sont À MOI !

– Mais, Jimmy, dit le frère aîné, nous jouons toujours ensemble. Qu'est-ce qui t'arrive aujourd'hui ?

– Aujourd'hui, c'est MON anniversaire. Et ce sont MES jouets, cria Jimmy.

*Le frère aîné jeta un coup d'œil par la fenêtre.
– On ferait mieux d'aller jouer au basket, dit-il. Il fait beau aujourd'hui.*

Les deux frères lapins prirent un ballon et sortirent. Jimmy resta seul dans la chambre.

– Ouais ! s'exclama-t-il. Maintenant tous les jouets sont pour moi !

Il prit une grande boîte et l'ouvrit gaiement. À l'intérieur il trouva un circuit de chemin de fer et un nouveau train coloré. Il devait juste assembler les rails.

– Oh, ces pièces sont trop petites ! dit-il, en tenant les morceaux du chemin de fer. Comment dois-je les relier ensemble ?

Tant bien que mal, il construit le chemin de fer, mais il était tordu. Quand il démarra finalement le nouveau train coloré, celui-ci resta coincé sur les rails.

Jimmy regarda autour de lui et repéra une autre boîte.

– Pas de souci. J'ai plein d'autres nouveaux jouets, dit-il en prenant un autre cadeau.
À l'intérieur il y avait des figurines de super-héros.

– Waouh ! s'exclama Jimmy.
Il se mit à courir dans toute la chambre en tenant les super-héros dans ses mains.

Bientôt, il s'en lassa et s'ennuya ferme. Il essaya tout. Il joua avec son ours en peluche favori, et ouvrit même tous ses cadeaux, mais ça n'était pas du tout amusant.

Jimmy regarda par la fenêtre et vit ses frères qui jouaient avec entrain au basket. Le soleil brillait fort, ils rigolaient et s'amusaient bien.

– Comment peuvent-ils autant s'amuser ? Ils ont seulement un ballon de basket ! dit Jimmy. Tous les autres jouets sont ici avec moi.

Puis il entendit une drôle de voix.

– Ils PARTAGENT, dit-elle.

Jimmy regarda dans sa chambre, en fixant son lit où son ours en peluche était assis. La voix venait d'ici.

– Quoi ? murmura-t-il.

– Ils partagent, répéta son ours en peluche avec un sourire.

Jimmy le regarda stupéfait. Il n'avait jamais imaginé que partager pouvait être amusant.

Jimmy secoua sa tête.
– Non… Je n'aime pas partager. J'adore mes jouets.

– Essaie, insista l'ours en peluche. Essaie juste.

Puis le temps changea. Des nuages sombres couvrirent le ciel et de grosses gouttes de pluie commencèrent à tomber sur le sol.

En rigolant, les deux frères lapins coururent à la maison.

– Oh, vous êtes trempés, dit maman. Allez vous changer et je vous ferai un chocolat chaud.

– Viens, Jimmy, veux-tu aussi un chocolat chaud ? demanda-t-elle.
Jimmy hocha la tête.

Maman ouvrit le frigo pour prendre le lait.
– Regarde, il reste une petite part de ton gâteau d'anniversaire.

Jimmy se leva d'un bond.
– Ouais, puis-je l'avoir ? Il était si savoureux !

À ce moment, ses frères entrèrent dans la cuisine.

– Tu as dit gâteau ? demanda le frère cadet.

– J'en voudrais une part, ajouta l'aîné.

Leur père les suivit.
– Est-ce un… gâteau d'anniversaire ?

Maman sourit tendrement.
– Ah… En fait il ne reste qu'une toute petite part. Et nous sommes cinq.

Jimmy regarda sa famille aimante et sentit une sensation chaleureuse se propager depuis son cœur. Il sut ce qu'il devait faire et c'était si bon.

– On peut partager, dit-il. Coupons-le en cinq parts.

Tous les membres de la famille lapin hochèrent la tête. Puis ils s'assirent autour de la table et tout le monde savoura un morceau du gâteau d'anniversaire et un peu de chocolat chaud.

Jimmy jeta un coup d'œil à leurs visages souriants et pensa : partager peut en fait être très sympa après tout.

Quand ils finirent, maman s'approcha de Jimmy et lui fit un énorme câlin.
– Joyeux anniversaire, mon chéri, dit-elle.

Les deux plus grands frères et leur père se rassemblèrent autour d'eux et partagèrent le câlin familial.

– Joyeux anniversaire, Jimmy, crièrent-ils ensemble.

Jimmy sourit.
– Voulez-vous jouer avec mes jouets ? demanda-t-il à ses frères. J'ai un nouveau train et de nouveaux super-héros.

– Ouais ! Allons jouer ! crièrent les frères lapins.

Ensemble Jimmy et ses frères construisirent un chemin de fer parfait. Le train siffla et roula rapidement sur le circuit.

Ensuite ils ouvrirent les cadeaux et jouèrent avec tous leurs jouets.

À partir de cet instant, Jimmy adora partager.
Il disait même que partager était amusant !

www.ingramcontent.com/pod-product-compliance
Lightning Source LLC
Chambersburg PA
CBHW061138070526
44584CB00033B/4354